すきなときに すきな人と すきなところへ

KSブックレット No.23

〜ひろげよう！障害者権利条約！〜

きょうされん利用者部会
＆きょうされん政策・調査委員会

発行／きょうされん　発売／萌文社

ＫＳブックレットが完成しました

　ＫＳブックレットの第23号ができあがりました。
　ＫＳとは、きょうされん（前の名前：共同作業所全国連絡会）の「共同」（KYOUDOU）と「作業所」（SAGYOUSHO）の最初の文字であるＫとＳを組みあわせたものです。
　このブックレットは、障害のある人にかかわる、いろいろなテーマをわかりやすくまとめ、障害のある人の働くことや、くらすことがよりゆたかになることをねがって作っています。
　障害のある人、家族、障害者施設の職員だけではなく、医療やリハビリテーションなどにかかわる人など、たくさんの人に読んでいただけることをねがっています。
　2015年12月

きょうされん広報・出版・情報委員会

すきなときに
すきな人(ひと)と すきなところへ
〜ひろげよう！障害者権利条約(しょうがいしゃけんりじょうやく)！〜

はじめに

　「駅にエレベーターがないから、車いすで行きたいところに行けない」「障害があるから、アパートに住むことを断られた」あなたや家族、友だちのなかに、そんな体験をしたという人がいるかと思います。このように、障害があることで、つらい思いをしたり、それをがまんするのはおかしいことですよね。
　日本は2014年1月に世界のみなさんとすてきな約束をしました。それは「障害者権利条約」（以下、権利条約と言います）を守るということです。
　権利条約とは、障害があってもなくても、一人ひとりが大切にされ、みんなが同じようにくらすことができるように、国は何をしなければいけないかが書かれた文章です。
　この本では、きょうされん利用者部会一人ひとりのくらしにふれながら、権利条約にどんなことが書かれているのかを紹介します。

ぜひ、家族や友だちといっしょに読んでもらえると、うれしいです。

きょうされん 利用者部会

もくじ

はじめに　4

【第1章】優子さんの毎日から、障害者権利条約を考えよう　9

私といっしょに障害者権利条約を考えましょう　10

Ⅰ　今の私のくらし　12

どこでだれとくらすかをえらぶ　12

ひとりでむずかしいことは手伝ってもらいます　14

自分の給料でくらしていきたい　16

収入について考えてみましょう　18

いろんなことを楽しむことも権利　20

Ⅱ　今のくらしにたどりつくまで　22

子どもにとってもっともよいこととは？　22

障害があっても地域で学ぶ　24

ルールだらけの集団生活　26

人の手をかりて生きていくこと　28

働く場所をえらぶ権利　30

「他の者との平等」　32

【第2章】みんなの毎日から、障害者権利条約を考えよう　35
　結婚、子育てについて話します　36
　子どもをうむことは自分で決めたい　38
　すきなときにすきな人と結婚・子育てをする権利　40
　友だちと出かけるのがだいすきです　42
　友だちといっしょに自由に遊びに行きたい　44
　芸術やスポーツ、映画を楽しむことも権利　46
　すきな人とのくらし　48
　だれにも言えず がまんしていた毎日　50
　虐待から守られることは権利　52
　病気になってから今のくらしになるまで　54
　節約のためにストーブもがまん　56
　ふつうにくらせる収入は権利　58
　グループホームでの生活にチャレンジ　60
　いろんな支えがあって楽しんでくらしています　62
　一人ひとりにあわせた配慮は権利　64

　おわりに　66

　　　　　　　　　　　　　　　●――イラスト・uwabami

【第1章】
優子さんの毎日から、障害者権利条約を考えよう

私といっしょに障害者権利条約を考えましょう

　私は北海道に住む林 優子といいます。年齢は40代です。車いすを使って生活しています。昼間はあかしあ労働福祉センターで働き、ひとりでくらしています。ひとりぐらしをはじめて11年がたちました。それまでは、入所施設で養護学校のみんなとくらしたり、親といっしょにくらしていました。

　これから、私がどんな毎日をすごしているのか、そして、今のくらしになるまでにあった、さまざまなことを話したいと思います。そして、権利条約の何条に関係することが書いてあるのかをお話しします。それは、みなさんに権利条約を身近に感じてもらいたいからです。ぜひ、権利条約に書いてあることをかなえるために、どんなことが必要なのか、考えながら読んでみてくださいね。

【Ⅰ. 今の私のくらし】

どこでだれとくらすかをえらぶ

　私は、北海道にある公営住宅の10階でくらしています。「自由気ままな、おひとり様ぐらし」です。段差がないバリアフリーの部屋です。ただ、エレベーターがとまったときに階段しかないので、災害や火事になったときのことを考えると、心配です。

　じつは、働いている作業所の近くにグループホームがあるのですが、私はグループホームでくらすことをえらびませんでした。今の住宅は、駅前にあって、外出にとても便利だからです。

　権利条約第19条（a）は、どこでだれとくらすのか、自分でえらんでいいと言っています。家のなかに段差があるなど、障害のある人がくらしやすい家って少ないですよね。また、障害があることを理由に、住むことを断られたという話をよく聞きま

す。でも、どこでだれとくらすのかを決めるのは、わたしたちの権利なのですよ。

ひとりでむずかしいことは手伝ってもらいます

　私の部屋は、右の絵のような感じです。ここにひっこしてきて、やっと部屋のなかでも車いすが使えるようになりました。また、少し座るところが高い車いすを1台つくったので、キッチンで料理をすることもできます。

　毎週2回ヘルパーさんが来て、家のことやおふろに入ることなど、自分ひとりではむずかしいことを手伝ってもらっています。権利条約第19条(b)は、障害のある人が、ひとりぼっちにならずに生活をするために、必要な手助けを利用できるようにすることも必要と言っています。19条ってわたしたちの生活にとって、とても大切ですね。

　ただ、おふろに入るのを手伝ってもらうときに、「男性のヘルパーでもよいか」と聞かれたことがあります。「絶対にイヤ！」と断りました。必要な手助けといっても、おふろに入るのを男性に手伝ってもらうなんていやですよね。

自分の給料でくらしていきたい

　私は19歳からあかしあ労働福祉センターで働いています。
　障害のある人たちで作ってきた作業所です。たくさんの人たちが自分の得意なことで、力をあわせて働いています。
　はじめは革工芸やミシンを使う仕事をしていましたが、今は木工の仕事をしています。私の給料は週4日、1日に3～5時間働いて、1カ月で7,000円くらいです。ボーナスは3万円ほどです。正直、毎月、1万円以上の給料がほしいです。
　作業所の給料だけで生活するのは、なかなかむずかしいですよね。でも、権利条約第27条1項には、自分の給料でくらしていけることが権利って書いてあるのです。
　作業所に「もっと給料がほしい」と伝えるとともに、人間らしいくらしができる収入をうけとれる制度

をつくるように、今のわたしたちの生活のことを社会や国に伝えることも大切ですよね。

収入について考えてみましょう

　私の1カ月の収入、こんなふうになっています。ちょっとはずかしいけれど、お見せします。お金が足りなくならないか、ハラハラする月もあります。

　　給料　7,000円
　　障害年金（1級）81,258円
　　特別障害者手当 26,620円

　　　　　　　　　　合計　114,878円

　でも、生活がギリギリなのは私だけではありません。きょうされんが調査した結果（2012年「障害のある人の地域生活実態調査」）によると、障害のある人のうち98.9％が、1年間に200万円以下の収入、つまり月に17万円以下でくらしていることがわかったのです。

　権利条約前文（ｔ）では、たくさんの障害のある人たちが、お金がなくて生活がたいへんだと書いてあります。そして、第28条では障害のある人や

家族が、障害のない人と同じような生活ができるようにしなければならないとも言っています。

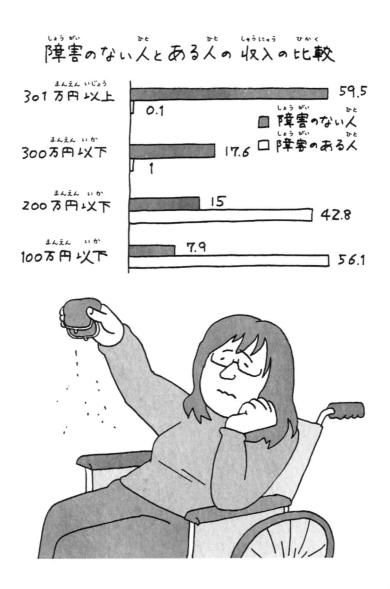

いろんなことを楽しむことも権利

　ダイエット中なので、がまんしていますが、私はケーキがだいすきです。また、ジャズをきくのもすきで、ウィントン・ケリーやマイルス・デイビス、玉置浩二さんのＣＤをきくこともあります。
　いちばんの楽しみは友だちに会って、おしゃべりすることです。最近のファッションを見て歩いたりすることもあります。
　権利条約第30条1項では、映画を見たり、本を読んだり、旅行に行くなど、障害があってもいろんなことを楽しむ権利があると言われています。私は、お金に余裕はありませんが、すきなことをして、生活を楽しんでいます。みなさんはどんな楽しみがありますか。行きたいところ、チャレンジしたいことがあるけれど、がまんしていることはありませんか。
　また、第30条2項では、障害のある人が自分では気づかなかった力を見つけたり、その力を使うこ

とができるチャンスをもてるようにするべきで、そのことで社会全体がゆたかになるとも言っています。

【Ⅱ. 今のくらしにたどりつくまで】

子どもにとってもっともよいこととは？

　私は1歳半のときに、医者から脳性麻痺と言われました。それから、母は私をおぶって母子通園施設に通いました。母は歩けるようにしたいと、小さな私に一生懸命に訓練をさせました。

　また、5歳からは入所施設でくらし、決められたルールのなかで生活しました。

　小さなときから訓練ばかりの毎日でした。障害がなければ、もっと楽しい生活があったのかなと思ったりします。生活していくためには必要な訓練もありました。それでもまがっている足をのばす、立つなどの訓練は痛くてつらかったです。

　権利条約第7条2項は障害があってもなくても、子どもにとって何がもっともよいか、いちばんに考えなければならないとしています。みなさんは子ど

ものときにどんなふうにくらしましたか。障害があってもなくても、子どもにとってもっともよいこととはどんなことなのか、このあとのページも読みながら考えてみてください。

障害があっても地域で学ぶ

　5歳で施設に入所した日、はじめて親と離れ、知らないところに来て大泣きしたことを、今でもおぼえています。小さなベッドがならぶ、大部屋での生活がはじまりました。入所施設と自分の家は、遠く離れていました。

　入所施設では訓練を受け、その他の時間は、となりの養護学校に通いました。入所施設と養護学校はろう下でつながっており、外に出ることはほとんどありませんでした。帰りに友だちと寄り道をして家に帰る経験もありません。今から考えると、とてもせまい世界ですごしていたのだなぁと思います。

　権利条約第24条2項(b)では、障害があってもなくても、同じように自分が住んでいる地域で、学ぶ権利があると言っています。私は大きくなってから、さまざまなサポートがあれば、親とくらしながら地元の学校に行くこともできると知りました。

ルールだらけの集団生活

　入所施設のくらしでは、起きる・ねる・おやつの時間など、すべて決まっていました。おふろは週２回、バスタオルの交換は土曜日、洋服も施設から与えられ、下着にまで名前がぬいつけてありました。毎日ジャージで、女子はおかっぱ、男子はスポーツ刈り、床屋さんが来て順番に切ってもらうのです。

　また、まがったひざをのばす訓練、ひもの結び方や、はしで食べる訓練、洗濯機の使い方、衣類のたたみ方、車いすの空気入れ、ベッドのシーツ交換と訓練ばかりでした。

　おしつけられたルールだらけの集団生活は、権利条約第３条（a）にある、自分でえらぶ自由や第７条３項にある、自分に関係するすべてのことに自由に意見を言う権利があるということに違反していると思います。そして、第22条では、プライバシーは大事にされないといけないとも言っていますが、入

所施設でのくらしは、それとはまったくちがうものでした。

人の手をかりて生きていくこと

　養護学校は障害がどれくらいあるか、どれくらい勉強ができるかでグループに分けられました。分けられてつらい思いをした経験があるから、今でも分けられることは、すきではないですね。

　また養護学校とは、「一人でできること」をふやすところだと感じましたが、「人の手をかりて生きていくこと」も学んだほうがいいと思います。障害があるからこそ、いろんな人とつきあっていく力を高めていくほうがいいと、今は思っています。

　権利条約第24条1項（a）では、「自分は大切な人間なんだ」と、わたしたちが自分で思うこと、その人らしく大事にされることが大切だと言っています。障害のある人もひとりの人間として、いろいろな権利があることを権利条約は伝えてくれていますね。

働く場所をえらぶ権利

　卒業後、入所施設で生活するのはいやで、母とくらし、仕事をさがすことにしました。

　いろいろな会社のテストを受けましたが、どこにも仕事が決まりませんでした。歩ける人をえらんでいる会社もありました。

　権利条約第27条1項では、障害があっても自由に仕事をえらぶ権利があると言っていますが、それはかんたんではないですね。もし、働きたい仕事があったとしても、必ずしも働きやすいところではないのです。

　権利条約第27条1項(i)は、障害のある人が働きやすいように「合理的配慮」をしなければならないと言っています。合理的配慮とは、一人ひとりにあった支えをすることです。たとえば、人がたくさんいるとパニックになる人には、電車にのっている人が少ない時間に、会社に来てもらうなどの工夫をすることです。

「他の者との平等」

　小さなころの入所施設での痛くてつらい訓練が、ひとりでくらすときに役立ったこともあります。ただ、今は、私は作業所で働きながら地域で生きることをえらびました。
　だから、お金は十分ではないけれど、自分のくらしは自由きまま、風が冷たい、花がきれいなどと感じることができています。私は、どんな学校、仕事やくらしをえらんだとしても、障害のために必要な手助けを受けられることが大事だと思います。
　権利条約には、「他の者との平等」という言葉がたくさん出てきます。権利条約は、障害のある人に特別な権利を与えますとは、言っていません。障害があってもなくても、同じような生活ができることが大事だと言っています。
　さて、次からは、きょうされん利用者部会の仲間たちにもお話ししてもらいます。

【第2章】
みんなの毎日から、障害者権利条約を考えよう

今から利用者部会の
みなさんの毎日のこと、
今までのくらしについて、
話してもらいます。
そのあと、林優子さんが、権利条約について説明します。

結婚、子育てについて話します

　私は秋保喜美子といいます。広島でくらしている66歳です。うまれて7カ月のときに高熱がつづき、脳性小児麻痺になりました。30歳のころからは、車いすを使い、生活しています。
　午前中は、ヘルパーさんに家のことを手伝ってもらっています。また、家でリハビリを受けています。そして午後からは、くさのみ作業所に行って、さをり織りの仕事をしています。仕事をおえ、家に帰ったあとは、利用者部会で話しあうための資料を作ったりと、いそがしい毎日を送っています。
　私は、13歳から入所施設ですごしていました。しかし、結婚後、地域の公営住宅でくらし、両親に手伝ってもらいながら、子どもを育ててきました。今は一軒家にひっこし、夫とふたりでくらしています。
　ひとり息子は結婚し、近くでくらしているので、

何かあったときはすぐに来てくれ、とても助かっています。

子どもをうむことは自分で決めたい

　夫とは入所施設で出会い、結婚して地域でくらすという同じ夢をもちました。そのころ、重い障害のある人が、その夢をかなえることはとてもむずかしく、親の反対も強かったので、説得するのも時間がかかりました。しかし「施設から出てくらしたい！」という強いねがいを、両方の親が受け入れてくれて、27歳で結婚し、地域での生活をはじめることができました。

　おなかのなかに子どもができたとわかったとき、医者から「子どもをうむのは危ないから、やめたほうがいい」と言われました。しかし、どうしてもうみたかったので、医者に何度もねばり強く相談をした結果、私の思いを理解してくれて、無事に男の子をうみました。

　障害があると、子どもをうむことさえも自分で決めることは、かんたんではありませんでした。家事

や子どもを育てるために、わたしたち家族を支えてくれるしくみが何もなかったので、たいへんでした。

すきなときにすきな人と結婚・子育てをする権利

　秋保さんは、結婚や子どもをうむことを反対されながらも、あきらめずに自分たちの思いをまわりに伝えてきたから、今の生活があるのですね。
　権利条約第23条1項では、おたがいが結婚したいと思えば、障害があっても、すきなときにすきな人と結婚する権利があり、子どもを育て、家族をつくることも、あたりまえの権利と言っています。
　きょうされんの調査（2012年「障害のある人の地域生活実態調査」）では、結婚している割合は、わずか4％という結果でした。なぜ、こんなにも少ないのでしょうか。結婚をまわりから反対されてしまったり、また、収入が少ないので、生活が不安ということもあるでしょう。そして、安心して結婚や子育てをするための社会のサポートが、まだまだ少ないということもあるのではないでしょうか。みなさんはどう考えますか。

友だちと出かけるのがだいすきです

　僕は、松原宏和です。38歳、京都府で両親と3人でくらしています。有名な「天橋立」が近くにあります。与謝の海養護学校を卒業して、今は、みやづ作業所で働いています。阪神タイガースの大ファンです。僕は、ひとつのことをするのに時間はかかりますが、ていねいな説明があれば、とりくむことができます。

　作業所では、リサイクル作業や、おみくじを袋につめる仕事をしています。仕事をするなかで、地域でも友だちがいっぱいできました。また、自分の名刺を作って、いろんな人と交換しています。友だちと出かけるのがだいすきです。メル友もいっぱいいます。

　いつも思っているのは、自分だけではなく、障害のある仲間がくらしやすい社会であってほしいということです。

結婚して子どもがほしい、というのが夢です。すきな人とすきなところでくらしたいと思っています。

友だちといっしょに自由に遊びに行きたい

　仕事が休みのときは、電車にのって友だちに会いに行きます。友だちは車いすを使っています。

　この前、その友だちから、「今度は僕が、松原さんのところに遊びに行きたい」と言われ、とてもうれしかったです。でも、僕の家の近くにある駅には、エレベーターがありません。車いすを使う友だちが遊びに来ることができないのが、とてもざんねんです。

　それから、僕はコツコツと貯金をしています。だいすきなディズニーランドに行きたいからです。でも、自分だけで行く自信がありません。東京は、ややこしいからです。

　両親も年をとってきて、いっしょに遠くに行くことも少なくなりました。ヘルパーさんに手伝ってもらいたいけれど、ヘルパーさんの分の交通費や宿泊代も必要なので、とてもお金がかかってしまいます。

芸術やスポーツ、映画を楽しむことも権利

　友だちを思いやる気もちに感動しました。そんなやさしい松原さんだからこそ、友だちがたくさんいるのでしょうね。

　権利条約第30条では、障害があってもなくても、芸術やスポーツ、映画などを楽しむことができるとしています。そのためには、映画館などの施設を利用しやすくすることや、一人ひとりが移動しやすいようにしなければならないですよね。それは、権利条約第9条、第20条にしっかりと書かれています。

　まちをバリアフリーにしたり、駅にある表示などをわかりやすいようにしたり、ヘルパーさんにいっしょに来てもらうためのお金がかからないようにしたり、まだまだ変えなければいけないことは、たくさんありますね。

　すきなときにすきな人と、すきなところへ行くことができ、障害があってもなくても、自由に楽しく、

くらしてすごせる社会(しゃかい)をつくるために、権利条約(けんりじょうやく)をひろげていきましょう。

すきな人とのくらし

　私は43歳、加藤喜代美(仮名)といいます。長崎県で夫と、夫のお母さんと住んでいます。住んでいるところは、駅から遠くて、シャワーのない古いアパートですが、近所の人がみんな親切なことがよいところです。夫と結婚したのは9年前です。夫はとてもやさしいです。夫とのドライブでストレスを発散しています。趣味は料理、もっといろんなものが作れるようになることが今の目標です。また、音楽をきいたり、折り紙やぬいものをすることもだいすきです。
　また、私は、ロバの店という作業所で週に5～6日働いています。ロバの店では、パンを地域のみなさんにとどけています。毎月、約4万円の給料と約6万円の障害年金が私の主な収入ですが、作業所の利用料として、毎月9,300円も払っています。働くためにお金を払うなんて、おかしいと思っています。

だれにも言えず がまんしていた毎日

　私が小さなころ、両親は離婚しました。お父さんは再婚をして、新しいお母さんがやってきました。ところが、私に障害があることがわかると、新しいお母さんは、私に暴力をふるうようになりました。
　私のことをたたいたり、けったり、洋服を脱がされたり、ごはんをもらえなかったりしました。だれかに助けをもとめたら、それがバレて、さらに暴力をふるわれるのではないかと怖くて、だれにも言えませんでした。ただ、がまんする日がつづきました。
　小学校４年生のころから、入所施設ですごし、大人になって25歳のとき、お母さんに家にもどされ、障害年金をとられたりしました。
　その後ふたたび、なんとか家を出て、仕事をしながらグループホームでくらし、34歳のときに結婚しました。じつは、その相手は20歳のときに施設のクリスマス会によばれたバンドのなかのひとりだったのです。

虐待から守られることは権利

　加藤さんは、みんなに、同じようなつらい思いをしてほしくないと、勇気をもって話してくれました。身近な人に暴力をふるわれることは、もっとも相談しにくいですよね。

　権利条約第16条では、すべての虐待から障害のある人を守らなければならないとしています。虐待とは、たたかれたり、けったりされることだけではありません。言葉でおどされたり、わいせつなことをされたり、お金をとられたり、ごはんを食べさせてもらえなかったりすることもあてはまります。

　そして虐待は、まわりから見えないところでおきることが多いです。そのため、ちょっと身体に傷があるなど、気になる人がいれば、声をかけたり、まわりに相談することが大切ですね。虐待について相談できるところもあります。職員さんなどにぜひ聞いてみてください。

病気になってから今のくらしになるまで

　私は48歳で、山神俊介（仮名）といいます。雪がたくさんふる地域に住んでいます。いまはアパートでひとりぐらしをしながら、昼間は作業所でパソコンを使って働いています。月に1回、作業所のみんなと、いろんなところに出かけることが、いちばんの楽しみです。

　高校を卒業してからうまれたまちを出て、東京の会社で働いていました。しかし、30歳ぐらいのときに、いろいろと考えこむようになり、仕事ができなくなって、仕事をやめることになりました。

　その後、うまれたまちにもどりましたが、考えこむことがつづいたため、病院に行きました。すると、統合失調症と言われ、10カ月間入院しました。退院してからは、生活支援センターに相談し、障害年金や、生活保護を利用することができるように、手伝ってもらいました。そして、どうにか生活ができるようになりました。

節約のために ストーブもがまん

　会社で働いていたときに比べて、収入は、かなり少なくなりました。

　どんどん消費税があがり、トイレットペーパーなどの必要なもののねだんも、さらに高くなっています。ところが、生活保護や障害年金のお金は少なくなっているので、生活がさらに苦しくなっています。

　そのため、少しでも安いものを買うために、遠くにあるスーパーなどに行っています。そして、ほしいものを買うことや、寒くてもストーブをつけるのをがまんすることがふえました。

　生活保護を利用しているため、作業所でいくら給料をもらったかを、市役所に毎月報告に行かなくてはいけないのがつらいです。自分の車をもってドライブをしたいという夢がありますが、生活保護を利用しており、収入も少ないため、車をもつことはできません。

ふつうにくらせる収入は権利

　寒くても、ストーブをつけることができないのは、心配です。

　生活保護や障害年金を利用していても、必要なことをがまんしないといけないのは、おかしいですよね。これは、山神さんだけではなく、多くの障害のある人がかかえる問題です。障害のある人は、障害のない人と比べて、生活保護を利用している割合がなんと5倍以上ということが、きょうされんの調査（2012年「障害のある人の地域生活実態調査」）でわかっています。つまり、障害がある人とない人に大きな収入の差があるのです。

　権利条約第28条では障害のある人やその家族が、障害のない人と同じようにくらせるようにしないといけない、と言っています。

　お金のことは、とても言いにくいですよね。でも、すごく大事なことです。だから、どんな生活をした

いのか、みんなで話しあい、権利条約に勇気をもらって、声をあつめて社会や国に伝えていこうではありませんか。

グループホームでの生活にチャレンジ

　私は、川口千弥です。44歳です。養護学校を卒業して、工場に就職しました。しかし「仕事が遅い」など、いやな言葉をたくさん言われ、つづけることができませんでした。今は、神奈川県にある、夢21上星川という作業所で、箱をつくる仕事などをしています。言いたいことを相手に伝えるのが、むずかしいときがありますが、少し手伝ってもらえれば大丈夫です。

　7年前からグループホームで生活しています。家族とくらしていたときは、作業所になかなか行くことができず、私以外は仕事に出かけ、いつも家でひとりですごしていました。外に出かけることもほとんどなく、すきなだけたくさん食べてしまい、体重がすごくふえてしまいました。

　そこで、このままではいけないと考え、グループホームでの生活にチャレンジしたのです。休みの日には、ヘルパーさんと出かけるなど、楽しくすごしています。

いろんな支えがあって楽しんでくらしています

　今のグループホームでの生活に、とても満足しています。お金の管理は、グループホームの職員に手伝ってもらって、1週間ごとに必要なお金をもらい、足りなくならないように手伝ってもらいます。そして、自分だけでは決められない買い物や、通院の付きそい、スケジュールの管理も手伝ってもらいます。以前は、おふろもひとりで入れませんでしたが、今はひとりで入れるようになりました。生活に必要なことを教えてもらい、助けてもらい、自分でもたくましくなったと思います。

　また、グループホームの仲間とフラダンスやエアロビクスを習っています。先生は、私やグループホームの友だちにあわせた内容で、わかりやすく、ていねいに教えてくれます。だからとても楽しいです。

　みんなが私のことをよくわかってくれているので、安心して楽しくくらせています。

一人ひとりにあわせた配慮は権利

　とても楽しそうで、私もわくわくしてきました。安心してすごせる場所があり、自分をよくわかってくれる人が、たくさんいるのですね。
　さて、川口さんが話してくれたグループホームなどでしてもらっている、いろいろな手助けは、権利条約第２条にある、「合理的配慮」なのですよ。
　合理的配慮は、障害があることで困っていることは、一人ひとりちがうことを、まわりがよく理解して、手伝ったり、困りごとをなくしたりすることです。
　困っていることは、一人ひとりちがうのですから、一人ひとりにあわせた支えや配慮をすることが大切です。それにより、障害のある人は障害のない人と同じ権利が守られるのですね。みなさんにとっての合理的配慮とは何ですか。それをまわりに伝えることからはじめましょう。

おわりに

　最後まで読んでいただきありがとうございました。きょうされん利用者部会では、このブックレットをもとに、劇を作って、みんなで楽しみながら学んでいます。みなさんもいっしょにさまざまな方法で、障害者権利条約を学び、ひろげていきましょう。
　最後に、権利条約をつくるときに何度も会議で出てきた言葉を紹介します。「わたしたちぬきに、わたしたちのことをきめないで」というスローガンです。みなさんも作業所や会社、学校で何かを決めることがあれば、ぜひ、障害のない人だけではなく、障害のある人もいっしょに話しあって、いろんなことを決めるようにしてくださいね。
　このブックレットは、きょうされん政策・調査委員会の協力をもとに作りました。また、イラストレーターである uwabami さんのすてきなイラストのおかげで完成しました。ありがとうございました。

きょうされん 利用者部会

◆本書をお買い上げくださいましてありがとうございます。
ぜひ本書のご感想をお聞かせください。
・アンケートフォーム　http://www.kyosaren.com/kansouform.html

〈ＫＳブックレット No23〉
すきなときに すきな人と すきなところへ
〜ひろげよう！障害者権利条約！〜

2015年12月10日　初版第1刷
編　著　きょうされん利用者部会＆きょうされん政策・調査委員会

発行所　きょうされん
〒169-0074　東京都新宿区北新宿 4-8-16　北新宿君嶋ビル 9 Ｆ
TEL 03-5937-2444　FAX 03-5937-4888
郵便振替　00130-6-26775
Email zenkoku@kyosaren.or.jp
URL http://www.kyosaren.com

発売元　萌文社
〒102-0071　東京都千代田区富士見 1-2-32-202
TEL 03-3221-9008　FAX 03-3221-1038
郵便振替　00190-9-90471
Email info@hobunsya.com
URL http://www.hobunsya.com

イラスト／uwabami　　印刷・製本／モリモト印刷

©Kyosaren. 2015. Printed in Japan　　ISBN978-4-89491-304-2 C3036